KURT KOLLARS

Warum gerade ich? Zur Hilfe verpflichtet

KURT KOLLARS

Warum gerade ich? Zur Hilfe verpflichtet

Ein Roman

Fromm Verlag

Imprint
Any brand names and product names mentioned in this book are subject to trademark, brand or patent protection and are trademarks or registered trademarks of their respective holders. The use of brand names, product names, common names, trade names, product descriptions etc. even without a particular marking in this work is in no way to be construed to mean that such names may be regarded as unrestricted in respect of trademark and brand protection legislation and could thus be used by anyone.

Cover image: Vom Autor bereitgestellt

Publisher:
Fromm Verlag
is a trademark of
International Book Market Service Ltd., member of OmniScriptum Publishing Group
17 Meldrum Street, Beau Bassin 71504, Mauritius
Printed at: see last page
ISBN: 978-613-8-37170-0

KURT
KOLLARS

Warum gerade ich?

Zur Hilfe verpflichtet

Ein Roman

Fromm Verlag

KURT KOLLARS

Warum gerade ich?

Zur Hilfe verpflichtet – ein Roman

ISBN 978-613-8-37170-0

Lektorat: Helga Kollars

Umschlag nach einem Foto in der Polnischen Kapelle in Jerusalem von Dr. Franz Lesjak

Gestaltung: Augsten Grafik

KURT KOLLARS

Warum gerade ich?

Zur Hilfe verpflichtet

Ein Roman

Inhaltsverzeichnis

Zum Geleit

Unser Leben läuft nach von uns vorgegebenen Regeln ab. Doch plötzlich tritt eine Situation ein, mit der man nicht gerechnet hat.

Deine eigene Entscheidung zählt nicht mehr. Du wirst zu etwas gezwungen, das du gar nicht wolltest. Und dann fragst du: „Warum gerade ich?"

Eine Frage, die sich auch Simon[1] stellte. Ein freier Mann, der zur Hilfeleistung verpflichtet wurde. Als er aber erkennt, dass derjenige, dem er helfen sollte, seine Hilfe dringend benötigte, zögerte er nicht. Er packte an und nahm das Kreuz auch auf seine Schultern.

Wir wissen nicht, ob die beiden Männer, die nun gemeinsam das Kreuz trugen, miteinander gesprochen hatten. Die Faktizität der Historie berichtet nur, dass Simons Söhne, Alexander und Rufus[2], Christen wurden.

Auch wir können, wie Simon, in so eine Situation geraten. Helfen wir dann gerne, oder sagen wir: „Es gibt genug andere!" Wie würden wir reagieren?

Wien, im Jänner 2021

Kurt Kollars

1Vgl. Neues Testament Mt 27,32; Mk 15,21; Lk 23,26

2Vgl. Neues Testament Röm 16,13

Simon

Es war ein sonniger Tag und der Schrei eines Neugeborenen übertönte die Hektik des Alltags. In einem kleinen Haus des Ortes Kyrene[3], in der römischen Provinz Kyrenaika, erblickte ein dunkelhäutiges Baby das Licht der Welt. Der Vater des Jungen stammte aus Cyrene, die dunkelhäutige Mutter kam aus Coptus. Diese kleine Stadt Coptus lag östlich am Nil im südlichen Ägypten. Ihre Nähe zum Roten Meer machte diese kleine Stadt zu einem wichtigen Handelszentrum mit Indien.

Cyrene befand sich nördlich der libyschen Wüste circa 8 km vom mittelländischen Meer entfernt. Dieses Haus des Neugeborenen stand zwischen dem Palast und dem Theater in einer Entfernung von 500 Fuß. Die Eltern nannten ihr Kind Simon, das im Jahre 12 v. Chr. geboren wurde.

Simon war ein kräftiger Junge, der seinen Eltern viel Freude bereitete. Bereits mit zwölf Jahren half er den Eltern im Wald beim Schneiden der Silphium Pflanze. Diese Pflanze war zur damaligen Zeit sowohl bei den Römern als auch bei den Griechen sehr begehrt. Ein Zweig wurde damals sogar an den römischen Kaiser verschickt, da sie als Gewürz und Allheilpflanze galt.

Als Simon einmal einen Felsen erklomm, um einen Zweig dieser Pflanze abzuschneiden, rutschte er aus und

---

3Ab dem Jahr 44 v. Chr. zur Zeit der römischen Eroberungen wurde dieser Ort Cyrene genannt.

fiel hinunter. Zum Glück fingen ihn die Ausleger der Silphium Pflanze auf und ließen ihn sanft zu Boden gleiten. Die Mutter hatte den Sturz von Simon entsetzt miterlebt. Sie eilte zu ihm hin und umarmte dankbar den unverletzt gebliebenen Jungen.

Simon musste auch öfter dem Vater auf seinem Getreidefeld helfen. In einem Verschlag neben dem Haus standen zwei Ochsen und ein Esel. Der Vater spannte die Ochsen zum Pflügen des Feldes ein. Beim Pflügen entstanden Furchen, in die Simon den Samen streute.

Am Sabbat besuchten die Eltern mit Simon regelmäßig die Synagoge. Simon begeisterten die Gesänge, und er hörte gespannt zu, wenn aus der Thora vorgelesen wurde. Auserwählte Priester durften den Weihrauch auf dem goldenen Altar im Allerheiligsten verbrennen. Den Duft des Weihrauchs, der nach außen drang, empfand Simon ganz himmlisch. Und als dann die Lichter des goldenen siebenarmigen Leuchters erstrahlten, stimmte ein Priester den Aaronitischen Segen an: „Der Herr segne und behüte dich. Der Herr lasse sein Angesicht über dich leuchten und sei dir gnädig. Der Herr wende sein Angesicht dir zu und schenke dir Heil.“[4]

Simon faszinierte dieser Segen so sehr, dass er die Überzeugung hatte, in diesem Augenblick vom lieben Gott selbst gesegnet worden zu sein.

4Altes Testament, Numeri 6, 24-26

Sehr gerne spielte Simon mit den Kindern seiner Nachbarn. Da sich ihre Häuser in der Nähe des Theaters befanden, war das ihr liebster Spielplatz. Sie konnten hier wunderbar die Stärke ihrer Stimmen testen. Dabei verteilten sie sich in den Rängen des Theaters, während zwei Jungen auf der Bühne Verse aufsagen mussten. In verschiedenen Lautstärken versuchten sie, den Schall zu erkunden. Mit Begeisterung stellten sie fest, dass auch ganz leise gesprochene Worte bis ganz oben gehört werden konnten.

An heißen Tagen wanderten die Eltern mit Simon zum Meer, um in der Kühle des Meerwassers Abkühlung zu finden. Bei dieser Gelegenheit lehrte der Vater Simon das Schwimmen.

Die Jugendjahre

Wenn die Eltern Simons seine Hilfe nicht benötigten, genossen er und seine Freunde die unbekümmerte Freiheit am Meer. Dort schwammen sie und tauchten um die Wette. Simon war seinen Kameraden weit überlegen. Er tauchte sehr tief, weil ihn die unvorstellbaren Schönheiten der Meerestiefen in Staunen versetzte.

Manchmal hatte Simon auch neue Ideen. So suchte er einen spitz aufragenden Stein, den er in die Mitte eines freien Platzes legte. Er hatte auch mehrere Ringe aus Draht angefertigt, mit denen man versuchen musste, diese über dem Stein zu platzieren. Nachdem er merkte, dass das gut funktionierte, lud er seine Freunde zu seinem neuen Spiel ein. Nach einer ausführlichen Erklärung begann mit vollem Einsatz der Wettkampf der Jugendlichen.

Wenn ihnen die Langeweile über den Kopf wuchs, ließen sie sich auf ein ungewöhnliches Spiel ein. Sie nahmen zwei Schildkröten und ließen diese um die Wette bewegen. Demjenigen, der das Tier mit besserem Futter locken konnte, gelang es, seine Schildkröte als erste ans Ziel zu bringen.

Immer wieder suchten die Heranwachsenden einen neuen Zeitvertreib. So waren auch Ballspiele sehr beliebt. Die Bälle waren mit Luft oder Federn gefüllt. Ein Spieler warf den Ball in die Luft, und die Herumstehenden versuchten ihn zu fangen.

Ein sehr beliebtes Spiel war „Das Steine“ werfen. Jeder Spieler suchte sich einen Stein, der nicht größer sein durfte als der Daumen. Dann stellten sich alle in die Nähe einer Mauer und mussten den Stein so zur Mauer werfen, dass er möglichst nahe dieser zu liegen kam. Jener Spieler, dessen Stein der Mauer am Nächsten lag, hatte gewonnen.

Und dann kam der Tag, an dem Simon mit seinen Eltern ein Theaterstück sehen durfte. Zu der damaligen Zeit hatte der römische Staat das griechische Theater zur Unterhaltung für das Volk entdeckt. Dieses massenwirksame Instrument bot nicht nur Abwechslung zum Alltag, sondern diente den Römern auch zur Repräsentation ihrer politischen Macht. Der Besuch war allen freien Bürgerinnen und Bürgern erlaubt. Die Anwesenheit bei diesen Aufführungen galt als demokratisches Recht und religiös-moralische Pflicht zugleich. Es wurden verschiedene Stücke griechischer Tragiker gespielt, wobei auch Gesänge und Sportveranstaltungen stattfanden. Simon war begeistert, dass er bereits mit seinen vierzehn Jahren das Theater besuchen durfte.

Der Brand

Eines Tages erwachte Simon zeitig am Morgen. Er stieg auf das Dach seines Elternhauses und blickte in die Weite des Landes. Da streifte sein Blick auch das Theater. Simon schaute nochmals genauer, weil er glaubte, Rauch gesehen zu haben. Und wirklich; wie Wolken stiegen dünne Schwaden empor!

Schnell lief er in das Untergeschoss und eilte zu dem nicht weit entfernten Theater. Und dort kam ihm tatsächlich aus der Requisitenkammer Rauch entgegen. Simon schrie so laut er nur konnte: „Feuer, Feuer!“

Es dauerte nicht lange, bis ein Löschwagen vorfuhr. Er war beladen mit leeren Löschgefäßen. Schnell bildeten die Männer eine Kette bis zum nächsten Brunnen, bei dem sie die Gefäße mit Wasser füllten. Mit großer Geschwindigkeit wurde ein Eimer nach dem anderen von Hand zu Hand gegeben und so das bereits lodernde Feuer gelöscht.

Was war geschehen? Eine Wandfackel, die nicht gut verankert war, fiel noch glosend herunter, und kam zwischen zwei Holzschemel zum Liegen. Die Holzschemel entzündeten sich und begannen zu brennen. Hätte Simon den Rauch nicht entdeckt, wäre der ganze Requisitenraum mit all seinem Inventar abgebrannt.

Simon stand abseits des Treibens, und beobachtete die Löscharbeiten. Plötzlich kam ein Schauspieler zu ihm und sagte: „Nachdem du durch dein Rufen den

Requisitenraum gerettet hast, laden wir dich ein, beim nächsten Theaterstück mitzuspielen. Du musst nur einen Satz sagen: Herr, die Diener sind angekommen."

Simon war zunächst sprachlos, aber nach einigem Üben freute er sich auf die Aufführung. Auch seine Eltern waren mit Bekannten in das Theater gekommen.

Bei dieser Szene kam also Simon zu dem Herrn und sagte: „Herr, die Diener sind gekommen." Doch als Simon das mit Menschen gefüllte Theater sah, kam seine Aussage eher einem Flüstern gleich. Daher drehte sich der Herr zu Simon, hielt sich seine Hand an das Ohr und sagte sehr laut: „Bube, was hast du gesagt?" Da schrie Simon förmlich: „Herr, die Diener sind gekommen!" Das Publikum dürfte die Angst von Simon bemerkt haben, denn sie applaudierten nach seinem Auftritt. Simon hatte es also geschafft, und die Schauspieler freuten sich über ihren neuen Kollegen bei diesem Stück.

Natürlich bekam Simon für seine Tätigkeit auch eine Bezahlung. Voller Stolz übergab er seine ersten verdienten Münzen den Eltern. Wie stolz sie doch auf ihren heranwachsenden Sohn waren!

Die Rettung

An einem sehr heißen Sommertag zog es Simon mit seinen Gefährten ans Meer. Sie setzten sich an den Strand und beobachteten das Glitzern der Wellen.

Da hörten sie zu ihrer linken Seite Mädchenstimmen. Und tatsächlich beobachteten sie eine Gruppe von Mädchen, die sich auch an dem heißen Tag mit dem Schwimmen im Meer Abkühlung verschaffen wollten.

Das gefiel den jungen Burschen, und sie schauten zu, wie sich die Mädchen mit viel Spaß in das Meerwasser stürzten. Eines schwamm sehr weit hinaus. Plötzlich fuchtelte sie mit den Armen und schrie: „Hilfe, Hilfe!"

Alle erstarrten; nur Simon sprang auf, rannte zum Wasser und schwamm, so schnell er konnte, zu dem Mädchen. Dieses wurde immer wieder von den Wellen überspült, bis ihr Kopf im Meer verschwand. Simon war nicht mehr weit entfernt. Er tauchte und schwamm schräg zu dem Mädchen, das er langsam sinken sah. Er packte sie unter den Schultern und tauchte mit ihr auf. Ihren Kopf hielt er über dem Wasser und schwamm so an das Ufer. Alle kamen hinzu und sahen, wie Simon sie wiederbelebte. Endlich spukte sie das Wasser aus und konnte wieder gut durchatmen. Ihre Freundinnen halfen ihr auf und brachten diese stützend langsam nach Hause.

Die Freunde von Simon bewunderten ihn und sagten: „Simon, du hast ihr das Leben gerettet!“ Simon antwortete ruhig: „Das war doch selbstverständlich.“ Auch Simon und seine Freunde machten sich nun auf den Heimweg. Keiner hatte noch Lust auf das Schwimmen.

Am späten Nachmittag klopfte es an der Tür des Hauses von Simon. Ein Mann, eine Frau und ein junges Mädchen standen davor. Die Frau und der Mann trugen gemeinsam einen großen Korb, der mit Köstlichkeiten gefüllt war.

Der Mann sagte: „Entschuldigen sie die Störung, aber wir wollen uns für die Rettung unserer Tochter durch ihren Sohn ganz herzlich bedanken!“ Und sie überreichten den erstaunten Eltern von Simon den großen Korb. Da kam Simon hinzu, er lächelte das Mädchen freundlich an und meinte: „Das ist sehr lieb, aber das war doch eine Selbstverständlichkeit!“

Die Gäste wurden in das Haus gebeten. Es wurde ein sehr gemütlicher Abend, bei dem sie auch einige der erhaltenen Köstlichkeiten verzehrten. Dazu ließ Simons Vater einen wohlschmeckenden Wein servieren.

Eine zarte Liebesbeziehung

Simon und das von ihm gerettete Mädchen mit dem Namen Alexandra verstanden sich sehr gut. So beschlossen sie, am nächsten Tag etwas gemeinsam zu unternehmen.

Am Morgen trafen sie einander und spazierten Hand in Hand über den Marktplatz vorbei an den Händlern, die ihre Waren anboten. Simon war stolz, dass auch er, der wegen seiner Hautfarbe gehemmt war und manchmal sogar Hänseleien ertragen musste, mit einem Mädchen gesehen wurde.

Die beiden plauderten miteinander und Simon erzählte Alexandra von den Erlebnissen mit seinen Freunden. Unter anderem auch, dass er im Theater eine kleine Rolle spielen darf.

Daher besuchte Simon mit Alexandra einmal das Theater. Er zeigte ihr den Requisitenraum, zu dem Simon als Schauspieler Zutritt hatte. Dann machte er Alexandra aufmerksam, dass auch die leisesten Worte bis in die obersten Reihen zu verstehen waren.

Damit bot sich der Anlass, Alexandra und ihre Eltern zu jenem Theaterstück einzuladen, bei dem er mitspielte. So vergingen die Tage und Simon strahlte vor Glück.

Öfter blieb auch Alexandra beim Mittagessen. Bei dieser Gelegenheit stellte der Vater von Simon fest, dass sich sein Sohn in Alexandra verliebt hatte. Sie konnten sich fast nicht voneinander trennen.

Sogar, wenn Simon das Getreide auf dem Feld schneiden musste, half ihm Alexandra. Sie bündelten das Getreide, luden es auf ihren Esel und brachten die Ladung zur Mühle. Danach besiegelte immer ein inniger Kuss den Abschied der beiden Verliebten.

Eines Tages wanderten Simon und Alexandra bei blauem Himmel zur Meeresküste. Simon hatte vor, Alexandra eine schöne Koralle zu schenken. Sie schwammen bis zu einem Felsen, der etwas entfernt vom Ufer herausragte. Simon wusste, dass sich dort die schönsten Korallen befanden. Er bat Alexandra, sich auf den Felsen zu setzen, während er in die Tiefe tauchen wird. Alexandra war etwas überrascht und zugleich ängstlich, aber sie tat, was Simon wollte. Dieser winkte ihr und verschwand mit einem Köpfler im Meer.

Mit großer Besorgnis wartete Alexandra auf sein Auftauchen. Die Minuten vergingen wie Stunden. Und dann endlich tauchte Simon mit einer wunderschönen Koralle in der Hand auf. Er gab sie Alexandra und sagte: „Damit du mich nie vergisst." Dann schwammen sie an das Ufer und wanderten glücklich nach Cyrene zurück. Simon begleitete Alexandra bis zu ihrem Haus und erhielt von ihr einen Kuss, der nicht enden wollte.

Der Sandsturm

Am liebsten unternahmen Alexandra und Simon Ausflüge, die sie in die Umgebung von Cyrene führten. Sie bestiegen die umliegenden Hügel und freuten sich über die herrliche Aussicht auf das weite Land, das ihnen zu Füßen lag.

Als sie sich wieder auf einem Hügel befanden, hatte sich plötzlich der Wind gedreht. Er blies sturmartig vom Süden den Sand der libyschen Wüste in diese Gegend. Simon nahm schnell Alexandra bei der Hand und zog sie auf die nördliche Seite des Hügels. Dort band er schützend ihre Schürze über ihre Nase und ihren Mund. Er selbst bedeckte sein Gesicht mit einem kleinen Tuch.

Danach wartete er, ob sich der Sturm legen würde. Doch es wurde immer ärger. Simon kannte sich in dieser Gegend und deren Witterungsverhältnissen sehr gut aus. Daher mussten sie sich so schnell wie möglich aus der Gefahrenzone des Sandsturmes entfernen. Dieser konnte so stark werden, dass nichts mehr zu sehen war, und die Orientierung verloren ging. Simon zog Alexandra näher zu sich und lief mit ihr den Hügel hinunter in Richtung Cyrene. Endlich waren sie dem Sandsturm entkommen. Als sie die ersten Häuser von Cyrene sahen, blieb Simon stehen, und säuberte oberflächlich das Gewand von Alexandra und dann das seinige. Er schaute zum Himmel, der sich nun in einem schönen Blau zeigte und betete innig: „Lieber Gott, ich danke dir, dass du uns aus dieser Bedrängnis befreit hast."

Alexandra sah Simon staunend an und fragte ihn, was denn das bedeutet! Simon begann ihr zu erklären, dass er an einen Gott glaube, der die Welt und die Menschen geschaffen hat. Alexandra hörte zu, konnte aber die Aussagen von Simon nicht begreifen, da sie in ihrem bisherigen Leben noch nie mit „Gott" konfrontiert worden ist. Das Auseinandergehen schmerzte Simon, da sich Alexandra diesmal von ihm ohne Kuss verabschiedete.

Durch diesen Vorfall trat eine Entfremdung zwischen Alexandra und Simon ein. Sie trafen sich zwar noch öfter, aber von einer herzlichen Liebesbeziehung konnte keine Rede mehr sein.

Ein neuer Lebensabschnitt

Die Zeit verging, und Simon erreichte das sechzehnte Lebensjahr.

Eines Tages fand eine Musterung statt. Alle kräftigen, jungen Männer ab dem Alter von 16 Jahren wurden von den Römern zum Dienst auf einem römischen Schiff verpflichtet. Unter diesen befand sich auch Simon.

Der Abschied von Daheim fiel Simon schwer. Als Alexandra davon erfuhr, kam sie gerade noch rechtzeitig, um Simon mit Tränen erfüllten Augen Lebewohl zu sagen.

Zum Glück befanden sich unter den ausgewählten auch Freunde aus seiner Umgebung. Diese jungen Männer wurden zu einem Schiff gebracht. Ein römischer Offizier empfing sie und teilte ihnen mit, dass sie zum Rudern auf diesem Schiff eingeteilt sind. Er sagte: „Es muss für euch eine Ehre sein, auf dem Schiff des Publius Sulpicius Quirinius, dem Prokonsul der Provinz Creta und Cyrene, arbeiten zu dürfen!"

Nun wussten sie auch, dass mit diesem Schiff weite Reisen geplant waren. Bereits vor einem Jahr wurden andere Jungen zu so einem Dienst verpflichtet. Damals hieß es, dass das römische Schiff nach Ostia, Creta und Tyrus fahren würde.

Sein ganzes Leben auf einem Schiff verbringen, konnte und wollte sich Simon nicht vorstellen. In dieser Bedrängnis erinnerte er sich an jene Zeit, in der sich in seinem Inneren der Glaube an eine höhere Macht entwickelte. Dabei hatten ihn seine Eltern nie verpflichtet an Gott zu glauben. Seine innere Öffnung begann mit dem Segen in der Synagoge. Und an diese Macht richtete er nun sein Flehen.

Aber auch Alexandra hatte einen Platz in seinem Herzen behalten. Er dachte oft an sie und und betete auch für sie.

Alle ausgewählten Männer wurden in den Ruderraum gebracht, und bekamen die erste Einschulung über die Art des Ruderns. In Sicht aller Ruderer stand ein Mann mit einer Trommel. Er war der Taktschläger. Genau nach seiner Vorgabe musste gerudert werden, denn er bestimmte die Geschwindigkeit des Schiffes.

Die erste Fahrt ging nach Tyrus, wo Baumstämme aus dem Libanon lagerten. Diese sollten, gemäß dem Auftrag des Kaisers, nach Rom gebracht werden. Die Zeit war knapp und die Ruderer wurden sehr gefordert. Und diese Crew bildete ein sehr gutes Team. Termingemäß trafen sie in Tyrus ein, und die Stämme der Zedern wurden auf das Schiff geladen. Nun musste diese Ladung in den Hafen von Ostia befördert werden. Von dort erfolgte dann der Weitertransport der Stämme nach Rom.

Nach einer längeren Fahrt ertönte das Signal: „Ruder aus!“ Alle legten die Ruder entlang des Schiffes und merkten, dass Segel gesetzt worden sind. Eine herrliche Entspannung für die erschöpften Jugendlichen. Nach einer kurzen Zeit rief der Taktschläger: „Richtet euch, der Prokonsul kommt!“ Alle setzten sich gerade und schauten nach vorne. Und da betrat der Prokonsul von Creta und Cyrene den Ruderraum. Eine imposante Gestalt, die eher Vertrauen als Furcht erweckte. Er blickte alle an und sagte: „Ich danke euch für eure hervorragende Leistung, die mich sehr beeindruckt hat.“ Langsam passierte er alle Ruderreihen und nickte jedem wohlwollend zu. Als er zu der Reihe von Simon kam, schaute ihn Simon mit festen Blick an und dachte: „Das ist der Prokonsul! Er imponiert mir.“

Nachdem sie den Hafen von Ostia erreicht hatten, wurden die Stämme verladen. Unterdessen durfte jeweils eine kleine Gruppe der Rudermannschaft unter Aufsicht an Deck gehen. Es gab verschiedene Verkostungen, die der Prokonsul für die Ruderer vorgesehen hatte.

Das Treiben am Hafen beeindruckte die jungen Männer. Sie sahen aber auch, wie viele Dunkelhäutige hier hart arbeiten mussten. Das waren Sklaven, die mitunter auch von ihren Herrn geschlagen wurden. ‚Mein Gott, wie gut geht es uns doch auf diesem Schiff.‘, dachte Simon beim Anblick dieser armen Menschen.

Der Überfall

Es dürfte frühmorgens gewesen sein; der Nebel lag dicht über dem Meer, als der Späher ein Schiff meldete, das sich ihrem Schiff schnell näherte. Die schwarze Fahne ließ erkennen, dass es sich um ein Piratenschiff handelte. Kaum hatten die Männer die Ruder seitlich angelegt, hörten sie schon das Knarren an dem Schiffsrumpf, ausgelöst durch das Kentern des fremden Schiffes an ihrer Seite. Es dauerte nicht lange und vier Männer des Piratenschiffes kamen in den Ruderraum. Einer stach den Taktgeber nieder, und die anderen wollten die jungen Männer ermorden. Doch da hatten sie sich getäuscht. So schnell konnten sie nicht reagieren, wie die Ruderer aufsprangen, den Seeräubern ihre Schwerter entrissen und auf Deck stürmten. Auch Simon war gezwungen an dem Kampf teilzunehmen. Er erwürgte einen der Seeräuber und nahm dessen Schwert. Jetzt sahen sich die Piraten einer Macht gegenüber, mit der sie nicht gerechnet hatten.

Plötzlich sah Simon, dass hinter dem Prokonsul ein Seeräuber mit erhobenem Schwert stand, um ihn zu töten. Simon warf sein Schwert gezielt auf diesen Mann. Das Schwert durchstieß den Körper und der Pirat stürzte zu Boden. Der Prokonsul nahm das alles dankbar wahr, weil er ohne Simon verloren gewesen wäre.

Das Gemetzel war bald zu Ende, denn die restlichen Seeräuber ergriffen mit ihrem Schiff die Flucht. Mindestens dreißig getötete Piraten lagen auf dem Deck.

Diese wurden über Bord geworfen. Danach bedankte sich der Prokonsul bei den Ruderern für ihren spontanen Einsatz und schlug Simon zum neuen Taktgeber vor. Darüber waren alle begeistert und Simon hatte eine neue Aufgabe. Er war ein umsichtiger Taktgeber, der seine Kameraden nicht überforderte.

Der Sturm

Eines Tages, als sich das Schiff einige Kilometer vor der Küste Palästinas befand, wurde das Meer unruhig. Hohe Wellen peitschten gegen das Schiff, welches wie eine Nussschale auf dem Meer tanzte. Simon befahl die Ruder anzulegen, denn es war sinnlos, durch Rudern vorankommen zu wollen.

Die Männer hörten das Prasseln des Regens und den Donner, der ein starkes Gewitter ankündigte. Alle saßen still auf ihrem Ruderplatz und warteten auf das nächste Geschehen. Plötzlich gab es einen dumpfen Knall. Ein Blitz hatte in den Hauptmast des Schiffes eingeschlagen. Das Schiff brach in der Mitte auseinander und begann zu sinken. Das Wasser im Ruderraum stieg immer höher. Simon löste sich von seinem Ruderplatz und gelangte durch das sich in Bewegung gesetzte Schiffsinventar an die Oberfläche. Er tauchte auf und bekam ein Stück des Mastes zu fassen. Mit diesem trieb er eine Zeit lang im Meer. Da sah er vor ihm einen Mann, der wild um sich schlug, da der

Gegenstand, an dem er sich anklammerte, zu sinken drohte. Simon ließ seinen Mast los und schwamm mit kräftigen Bewegungen zu ihm. Im letzten Augenblick fasste er ihn am Arm und konnte ihn vor dem Ertrinken retten. Bei seinem Mast angekommen, konnten sie sich beide an diesem anhalten. Jetzt erst erkannte Simon den Prokonsul, der ihm ein Danke zuflüsterte.

Trotz der hohen Wellen erspähte Simon beim Durchscheinen der Sonne einen Landstreifen. Und genau in diese Richtung schwamm er mit dem Prokonsul. Tatsächlich erreichten sie nach längerer Zeit das Ufer. Es war Palästina. Sie ließen sich erschöpft auf den weichen Sand fallen und schliefen sofort ein.

Als sie aufwachten, standen mehrere Männer vor ihnen. Es waren römische Soldaten. Einer von ihnen erkannte sofort den Prokonsul. Er half ihm auf und wollte ihn zu dem abseits stehenden Pferdewagen führen. Doch der Prokonsul drehte sich um, ging zu Simon, nahm ihn bei der Hand und stieg dann mit ihm in den Wagen. „Ich bitte dich, dass du stets an meiner Seite bleibst. Du sollst von nun an mein Freund sein, denn Dir verdanke ich zum zweiten Mal mein Leben!“, sagte der Prokonsul zu Simon. Dieser freute sich über die Anerkennung und blieb bei ihm.

Palästina

Es sprach sich schnell herum, dass Quirinius, der Prokonsul von Creta und Cyrene, Schiffbruch erlitten hatte und gerettet wurde.

In dieser Zeit erhielt Quirinius auch ein Schreiben von Kaiser Augustus, dass er zum Statthalter von Syrien ernannt wurde.

Der neu ernannte Statthalter von Syrien ließ sich seine Ernennung etwas kosten. Er veranstaltete in Palästina ein rauschendes Fest, das allen in Erinnerung blieb. Danach reiste er mit seiner Familie nach Syrien. Simon blieb an seiner Seite, und erhielt von ihm in Palästina östlich von Jerusalem mehrere Ländereien mit einem kleinen Haus. Simon richtete das Haus geschmackvoll ein. Er stellte zur Pflege des Hauses auch mehrere Diener ein. Ebenso beschäftigte er auch einige Gärtner, weil er sich an einer Vielfalt von Pflanzen erfreuen wollte.

Nun dachte Simon, dass es endlich Zeit wäre, eine Familie zu gründen. Doch der Statthalter Quirinius hatte bereits eine neue Aufgabe für Simon. Er hatte den Befehl erhalten, zum Kaiser nach Rom zu fahren. Und Simon sollte ihn begleiten. Simon war von der Vorstellung begeistert, die Kaiserstadt Rom zu sehen und zu erleben.

Während seiner Abwesenheit beauftragte er einen Diener, dem er vertrauen konnte, seine Besitztümer zu verwalten. Danach reiste er mit Quirinius nach Rom. Die

Schifffahrt war diesmal sehr angenehm, denn er fuhr als Gast und nicht als Ruderer mit.

Einmal drängte es Simon den Raum der Ruderer aufzusuchen. Dabei erinnerte er sich an seine Zeit als Ruderer. Sein Blick fiel auch auf einen jungen kräftigen Mann, der auf diesem Schiff jenen Platz einnahm, den er vor langer Zeit auf dem verunglückten Schiff innehatte.

Rom

Nach einer langen Reise erreichten sie endlich Ostia. Kaum hatten sie das Schiff verlassen, kam ein römischer Offizier auf den Statthalter zu. Er verneigte sich und bat den Statthalter, mit ihm zum Pferdewagen zu kommen. Simon gefiel der respektvolle Umgang, den man Quirinius zukommen ließ. Der Statthalter saß mit Simon in Fahrtrichtung. Ein römischer Offizier ritt auf seinem Pferd neben dem Zugpferd und hielt es an dem Zügel. Anfangs wurden sie durch die schlechten Straßen durchgerüttelt. Es war eine unbequeme und anstrengende Art des Reisens. Doch das Holpern hörte blitzartig auf. Simon bemerkte, dass sie auf einer neu bepflasterten Straße fuhren. Als der Offizier die anerkennenden Blicke seiner Gäste wahrnahm, betonte er voller Stolz: „Wir befinden uns jetzt auf der neuen Verbindungsstraße von Ostia nach Rom!“

Nun dauerte die Fahrt nicht mehr lange. Man konnte bereits die ersten Häuser der Vororte von Rom erkennen. Und immer wieder begegnete ihnen ein Trupp von Soldaten.

Endlich hielt der Wagen vor einem eleganten Haus, das ihnen vom Kaiser für die Dauer des Aufenthaltes zur Verfügung gestellt wurde. Sie stiegen aus und gingen in das Atrium, während sich Diener um das Gepäck kümmerten. Dort stand schon ein Tisch, auf dem köstliche Speisen vorbereitet waren. Quirinius und Simon nahmen Platz und begannen mit dem wohlverdienten Essen. Danach begaben sie sich zur Ruhe, um für den folgenden Tag gut gerüstet zu sein, da der Empfang beim Kaiser Augustus bevorstand.

Der triumphale Empfang

Früh am Morgen standen der Statthalter und Simon auf, denn sie ahnten, dass dieser Tag ein besonderer Tag werden sollte. Doch was ihnen wirklich bevorstand, daran hätten sie nicht einmal in ihren kühnsten Träumen gedacht. Nach einem ausgiebigen Frühstück brachte sie ihr Pferdewagen zum Palast des Kaisers, wo sie bereits erwartet wurden.

Man geleitete sie zum Empfangssaal. Beim Eintreffen des Kaisers ertönten Fanfaren. Ein großer roter Teppich führte unmittelbar zum Thron des Kaisers.

Zu diesem gingen der Statthalter und Simon angemessenen Schrittes. Simon entdeckte zur rechten Seite des Kaisers eine junge hübsche Frau, die zwei Stufen tiefer saß. Neben ihr stand ein zartes Mädchen, offensichtlich ihre Dienerin, von der Simon seine Blicke nicht abwenden konnte.

Zur linken Seite des Kaisers standen zwei Stühle, die für den Statthalter und Simon gedacht waren. Die beiden verneigten sich tief und der Kaiser bot ihnen den Platz zu seiner linken Seite an. Danach begann das Hofzeremoniell, bei dem Quirinius für seine Verdienste geehrt wurde. Zum Abschluss der Feier reichte man wohlschmeckende Speisen und exotische Früchte, die Simon sichtlich genoss.

Plötzlich stand der Kaiser auf, ging zu der jungen Frau, die sich sofort erhob. Er nahm ihre Hand und führte sie zu dem Statthalter und sagte: „Lieber Quirinius, ich möchte dir meine Verwandte, namens Claudia, zur Frau geben. Ich weiß, dass du ihr ein guter Gatte sein wirst. Ihre ergebene Dienerin Selina, eine Römerin, wird sie begleiten." Die Aussagen des Kaisers duldeten keinen Widerspruch. Sein Wort war wie ein Gesetz.

Simon konnte nicht erkennen, ob Quirinius durch die Worte des Kaisers überrascht war. Er aber glaubte zu träumen, denn die Frau, die ihn so sehr fasziniert hatte, wird jetzt mit ihnen reisen.

Die Heimreise

Am nächsten Morgen fuhren drei Pferdewagen zur Unterkunft des Statthalters. Quirinius und Simon nahmen in dem Pferdewagen so Platz, dass sie den Damen gegenüber saßen. Simon musste immer wieder seinen Blick auf die Dienerin richten, und glaubte zu erkennen, dass diese auch an ihm Gefallen gefunden hatte, da sie öfter den Blickkontakt mit Simon suchte.

Endlich erreichten sie in Ostia das Schiff, und segelten heimwärts. Unterwegs gab es genügend Gelegenheiten, bei denen sich die Paare näherkommen konnten. Als einmal Quirinius und Simon allein an der Reling standen, fragte Simon seinen Freund: „Wenn du heiratest, besteht da die Möglichkeit, dass ich die Dienerin heiraten dürfte. Denn ich fühle mich zu dieser Frau sehr hingezogen und ich könnte mir keine andere Frau als Mutter meiner Kinder vorstellen."

Quirinius schmunzelte und meinte: „Du musst nur bei Claudia um ihre Hand anhalten. Wenn Selina einwilligt, kannst du sie heiraten!"

Simon war überaus glücklich und überlegte, welcher Zeitpunkt hiefür der Günstigste wäre. Doch Quirinius kam Simon zuvor. Sie saßen gemütlich beim Abendessen, da meinte Quirinius: „Liebe Claudia, ich glaube, dass Simon ein Ersuchen an dich hat." Simon wurde rot und sagte zögernd: „Ich möchte sie um die Hand ihrer Dienerin Selina bitten!" Claudia schaute Selina an und bat sie um eine Stellungnahme. Auch

Selina errötete, aber erwiderte freudig: „Sehr gerne!" Damit war alles geklärt und Simon blickte dankbar seinen Freund an.

Die letzten Tage ihrer Reise waren ausgefüllt mit Hochzeitsplanungen. Quirinius schlug vor, die Doppelhochzeit auf seiner Burg Antonia, der Festung der Prätorianer, in Jerusalem zu feiern. Das gefiel allen, und nun ging es um das Einladen der Gäste.

Die Hochzeiten mussten so angesetzt werden, dass für alle geladenen Gäste genügend Zeit blieb, diesen Termin einzuplanen. Trotz der vielen Überlegungen gab es immer wieder Stunden, die nur der Zweisamkeit der glücklichen Paare dienten.

Quirinius gab seinen Offizieren den Befehl das Schiff in Gaza anzulegen, da es von dort nach Jerusalem eine kürzere Strecke war. Die damit gewonnene Zeit überzeugte alle. Diese Überlegung erforderte aber in Gaza das Anmieten von Pferdewagen.

Am frühen Morgen kamen sie in Gaza an. Die Offiziere kümmerten sich um drei geräumige Pferdewagen und die Fahrt nach Jerusalem konnte beginnen. Die Entfernung von Gaza bis Jerusalem betrug circa 55 km, also war mit einer Ankunft um die Mittagszeit in Jerusalem zu rechnen. Ein Reiter hatte bereits der Palastwache mitgeteilt, dass der Statthalter schon zu Mittag ankommen wird.

Nach der Ankunft bestand noch genügend Zeit zum Frisch machen und Umkleiden. Dann begaben sie sich in den Speisesaal, in dem bereits zum Essen gedeckt war. Die Speisen in der Heimat mundeten wieder exzellent. Während dem Essen konnte man leise Musik hören. Anschließend stand einer ausführlichen Erholung in einem wohligen Bett nichts mehr im Wege.

Die Doppelhochzeit

Nun begann eine aufregende und hektische Zeit. Die Hochzeitsvorbereitungen waren doch aufwendiger, als man sich vorgestellt hatte. Aber das bevorstehende Glück ließ alle Mühe vergessen, und gemeinsam schafften sie alles.

Endlich nahte der Tag der Hochzeit und bald konnte Simon seine heiß geliebte Selina als Gattin in sein Haus führen.

Dann war es soweit. Die Burg Antonia war mit Fahnen festlich geschmückt und die Hochzeitszeremonie nahm ihren Verlauf. Nach dem Festessen und einer herzlichen Verabschiedung von Claudia und Quirinus fuhren Selina und Simon in ihr Heim. Simon war sichtlich nervös, denn endlich konnte er seiner Gattin ihr gemeinsames Reich vorstellen.

Dort angekommen, blickte Selina Simon begeistert an und meinte, dass sie sich ein so herrliches und schönes Haus immer gewünscht hätte.

Der Nachwuchs

Es vergingen keine zwei Jahre und Selina schenkte Simon einen Sohn. Sie gaben ihm den Namen Alexander. Mit viel Freude bestellte Simon seine Felder, durch deren reichen Ertrag sie ihr Haus verschönerten.

Bereits nach zwei weiteren Jahren wurde ihr Sohn Rufus geboren, und sie konnten ihr Glück kaum fassen. Selina bemühte sich um die Erziehung der Kinder, während sich Simon um einen Zubau beim Haus sorgte. Denn die große Familie erforderte mehr Platz.

Die Kinder von Simon und Selina bereiteten den Eltern viel Freude, denn ab dem Alter von 10 Jahren halfen auch sie, wie damals Simon, bereits fleißig auf den Feldern mit. Wenn Simon Alexander ersuchte um die Mittagszeit mit dem Wagen zu ihm auf das Feld zu kommen, so wurde diese Bitte mit vollster Zufriedenheit erfüllt.

Perfekter könnte ein Familienleben nicht sein, wäre da nicht ein kleiner Wermutstropfen. Bis vor Kurzem hatten sie noch Kontakt mit Quirinius. Eines Tages erschien Claudia, um ihnen mitzuteilen, dass sich Quirinius von ihr scheiden ließ. Er wollte eine andere Frau heiraten.

Claudia war zutiefst erschüttert. Sie wollte so schnell wie möglich nach Rom reisen. Simon stellte Claudia einen Pferdewagen zur Verfügung, der sie nach Gaza brachte. Dort bestieg sie ein Schiff nach Rom.

Simon und Selina waren sehr betroffen, denn mit dieser Nachricht hatten sie nicht gerechnet. Mit Recht befürchtete Simon, dass auch der Kaiser darüber nicht erfreut sein wird.

Die neue Gattin konnte Simon wegen seiner Hautfarbe nicht ausstehen. Sie sah in ihm nur einen Sklaven. Ab diesem Augenblick brach auch der Kontakt zwischen Quirinius und Simon ab. Doch es dauerte nicht lange und Quirinius warf auch diese Frau aus seiner Residenz.

Kurze Zeit danach wurde Quirinius unter dem Kaiser Tiberius nach Rom beordert. Ein gut bekannter Prätorianer von Simon teilte ihm dies mit.

Das Erlebnis

Eines Tages erhielt Simon den Auftrag, eine größere Menge an Getreide nach Kana zu liefern. Da Kana in der Nähe des Sees Genesareth liegt, beschlossen Simon und seine Diener, diese Fahrt mit einem ausgiebigen Fischfang zu verbinden.

Selina wusste, dass diese Reise mehrere Tage dauern würde, da die Entfernung von Jerusalem nach Kana circa 100 km betrug. Und dann kam das Fischen im See Genesareth dazu. Sie versorgte sie also mit genügend Proviant, damit sie sich nicht um das Essen kümmern mussten.

Der Abschied fiel sowohl Simon als auch Selina schwer, denn eine so lange Zeit waren sie noch nie getrennt. Die Sonne begann gerade den Morgen anzukündigen, als sie aufbrachen.

Die schwer beladenen Pferdewagen schafften die Fahrt nach Kana in kürzester Zeit. Nach dem Entladen des Getreides fanden sie in einer Herberge Unterkunft. Sehr froh über die vollbrachte Arbeit setzten sie sich an einen gedeckten Tisch zum Abendessen. Nach dem Essen brachte ihnen der Wirt Wein der Umgebung auf Kosten des Hauses und setzte sich zu ihnen. Denn Simon und seine Diener, die man eher als Gefährten bezeichnen musste, waren dem Wirt sehr sympathisch. Ihm gefiel der freundschaftliche Umgang von Simon mit seinen Untergebenen.

So erzählte der Wirt, dass ein Mann bei ihnen war, der Wasser in Wein verwandelte, als die Hochzeitsgäste nichts mehr zu trinken hatten. Dieser Mann heißt Jesus von Nazareth und ist derzeit in Galiläa. Simon und seine Begleiter staunten über das Gehörte, und wollten es gar nicht glauben. Da der Wirt ihr Misstrauen erkannte, berichtete er auch von weiteren Wundern, die Jesus vollbracht hatte; nämlich der Heilung von Kranken, Aussätzigen und Gelähmten. Danach meinte er: „Vielleicht habt ihr das Glück, diesem Menschen zu begegnen.“ Er wünschte ihnen noch eine gute Nacht sowie eine erfolgreiche Weiterfahrt und erhob sich von ihrem Tisch.

Am nächsten Morgen fuhren sie zeitig in der Früh zum See Genesareth, um einen reichen Fischfang nach Hause zu bringen. In Tiberias mieteten sie ein größeres Schiff und setzten die Segel. Der Wind trieb sie auf die Mitte des Sees und sie warfen ihre Netze aus. In kürzester Zeit waren diese voll. Sie fuhren näher an das Ufer, um die Netze einzuholen. Danach bemerkten sie, dass sie sich zwischen Tabgha und Kapernaum befanden. Als sie zum Ufer schauten, entdeckten sie auf dem sanft ansteigenden Hügel eine große Menschenmenge.

Neugierig näherten sie sich dem Ufer und hörten plötzlich ganz deutlich eine sanfte, sehr eindrucksvolle Stimme, die sagte: „Selig, die arm sind vor Gott; denn ihnen gehört das Himmelreich. Selig die Trauernden; denn sie werden getröstet werden. Selig, die keine Gewalt anwenden; denn sie werden das Land erben. Selig, die hungern und dürsten nach der Gerechtigkeit; denn sie werden satt werden. Selig die Barmherzigen; denn sie werden Erbarmen finden. Selig, die ein reines Herz haben; denn sie werden Gott schauen. Selig, die Frieden stiften; denn sie werden Söhne Gottes genannt werden. Selig, die um der Gerechtigkeit willen verfolgt werden; denn ihnen gehört das Himmelreich. Selig seid ihr, wenn ihr um meinetwillen beschimpft und verfolgt und auf alle mögliche Weise verleumdet werdet. Freut euch und jubelt: Euer Lohn im Himmel wird groß sein. Denn so wurden schon vor euch die Propheten verfolgt.

Ihr seid das Salz der Erde. Wenn das Salz seinen Geschmack verliert, womit kann man es wieder salzig machen? Es taugt zu nichts mehr; es wird weggeworfen und von den Leuten zertreten. Ihr seid das Licht der Welt. Eine Stadt, die auf einem Berg liegt, kann nicht verborgen bleiben. Man zündet auch nicht ein Licht an und stülpt ein Gefäß darüber, sondern stellt es auf den Leuchter; dann leuchtet es allen im Haus. So soll euer Licht vor den Menschen leuchten, damit sie eure guten Werke sehen und euren Vater im Himmel preisen."[5]

Simon und seine Gefährten waren ganz benommen, denn sie erkannten sofort, dass diese Worte von göttlicher Ausstrahlung waren. Daher sagte Simon: „Freunde, lasst uns zurücksegeln, und das Gehörte tief in unseren Herzen bewahren."

Sie waren von dem Prediger und seinen Worten so sehr bewegt, dass sie beschlossen, noch eine Nacht in Kana zu verbringen. Der ihnen bereits bekannte Wirt begrüßte sie freundlich und sie konnten nicht umhin, ihm über die Rede am See Genesareth zu erzählen. Er bedankte sich vielmals und meinte, dass sie sich diesmal ein kostenloses Nachtquartier verdient hätten.

Am nächsten Morgen brachen sie zeitig auf, um nach Hause zu kommen. Die Heimreise erfolgte problemlos und alle freuten sich, ihre Liebsten endlich in die Arme schließen zu können.

5Vgl. Neues Testament Mt 5, 3-16

Der Wandel von Simon

Als die Pferdewagen in den Landsitz einfuhren, erkannte Simon von Weitem, dass seine Gattin mit Alexander und Rufus vor dem Tor standen.

Alle begrüßten einander sehr herzlich, und Selina bat sie, in die Stube zu kommen. Eigentlich war Simon nicht so lange weg, aber es kam ihm vor, dass seine Söhne ihre Mutter an Größe erreicht hatten.

Ihre Heimkunft wurde wie ein Fest gefeiert, bei dem sie über ihre Erlebnisse erzählten. Die Männer berichteten vor allem über die Rede Jesu, welche sie am See Genesareth gehört hatten. Die Zuhörenden waren sichtlich berührt, denn sie empfanden den Frieden und die Freude, welche diese Rede ausstrahlte. Bereits beim Erzählen bemerkten sie, dass alle Anwesenden zu einer innigen Gemeinschaft zusammenwuchsen.

Der nächste Tag erforderte wieder den Einsatz aller sowohl im Haus als auch am Feld. Da der Ertrag des Getreideverkaufs sehr ergiebig war, gab Simon einen Teil auch seinen Gefährten, die mit ihm die weite Reise unternommen hatten.

Seit der Heimkehr von Simon merkten alle, dass er sich verändert hatte. Er war zuvorkommend und überaus freundlich zu seinen Untergebenen. Er trachtete einzelne Wahrheiten, die er von Jesus gehört hatte, Wirklichkeit werden zu lassen. Immer wieder dachte er an den Satz: ‚Selig, die ein reines Herz haben; denn sie werden Gott schauen.‘ Er sprach auch mit Selina darüber. Und je öfter sie darüber sprachen, desto mehr waren sie überzeugt, dass es tatsächlich einen Gott gibt. Und so bildeten Simon mit seiner Familie und allen Untergebenen eine tiefe Gemeinschaft, die auf alle in der Nachbarschaft ausstrahlte.

Immer wieder kamen Nachbarn zu Simon, um ihm von den neuesten Aussagen von Jesus zu berichten. So erfuhr er, dass Jesus sagte: „Ich aber sage euch: Liebt eure Feinde und betet für die, die euch verfolgen, damit ihr Söhne eures Vaters im Himmel werdet; denn er lässt seine Sonne aufgehen über Bösen und Guten, und er lässt regnen über Gerechte und Ungerechte. Wenn ihr nämlich nur die liebt, die euch lieben, welchen Lohn könnt ihr dafür erwarten? Tun das nicht auch die Zöllner? Und wenn ihr nur eure Brüder grüßt, was tut ihr damit Besonderes? Tun das nicht auch die Heiden? Ihr sollt also vollkommen sein, wie es auch euer himmlischer Vater ist.“[6]

Selina und Simon sprachen danach auch mit ihren Kindern über diese tiefsinnigen Worte und dankten gemeinsam Gott, dass ihnen diese Gnade des Glaubens zuteilgeworden ist.

So vergingen die Jahre, und die Jungen wuchsen zu stattlichen jungen Männern heran. Alexander erreichte bereits das 18. und Rufus das 16. Lebensjahr. Sie waren also alt genug, um mit den Eltern gemeinsam zu beten.

6Vgl. Neues Testament Mt 5, 44-48

Alexander und Rufus bereitete das gemeinsame Beten große Freude und sie spürten, dass ihnen dieses Gebet viel Kraft gab.

Die Nachbarschaftshilfe

An einem Vormittag stand weinend eine Nachbarin vor der Tür und bat um Hilfe. Ihr Mann liege krank daheim und sie schaffe die Arbeit und gleichzeitige Pflege nicht. Simon dachte nicht lange nach und sagte: „Ich glaube, dass Alexander ihnen helfen kann. Er wird die Arbeiten außerhalb des Hauses übernehmen und sie können sich um ihren Mann kümmern." Alexander willigte ein und begleitete die Frau nach Hause.

Dort erklärte die Nachbarin Alexander die notwendigen Arbeiten. Ihre Aufgabe bestand nämlich aus dem Mahlen des Kornes sowie dem Einfüllen des Mehls in Säcke zum Weitertransport. Es dauerte nicht lange, bis sich Alexander eingearbeitet hatte. Ihm bereitete diese Arbeit sogar Spass.

Bereits am Nachmittag kamen Kunden, um ihre bestellten Mehlsäcke abzuholen. Diese standen zum sofortigen Verladen bereit. Unterdessen kümmerte sich die Nachbarin um ihren Mann, damit dieser wieder zu Kräften gelangte.

Immer wieder dachte Alexander nach, warum sein Vater so spontan die Hilfe gerade dieser Nachbarin zusagte. Da die Familie kinderlos war, hatte ihr Ehemann ihn und seinen Bruder von früher Kindheit an immer grundlos beschimpft. Er konnte es nicht verkraften, dass er und seine Gattin keine Kinder hatten.

Alexander fand die Antwort selbst. Er erinnerte sich an die Aussage Jesu: „Liebt eure Feinde und betet für die, die euch verfolgen, damit ihr Söhne eures Vaters im Himmel werdet." Wie oft hatte ihnen ihr Vater diesen Ausspruch Jesu beim abendlichen Gebet mitgeteilt. Erst jetzt verstand Alexander die unmittelbare Zusage der Hilfeleistung seines Vaters. ‚Das ist also wahre Nächstenliebe.', dachte Alexander und war froh, dass er diese Tat der Liebe an dem Nächsten leisten durfte.

So vergingen einige Monate und der Gatte der Nachbarin fühlte sich schon kräftig genug zum Aufstehen. Als Alexander wieder einige Säcke mit Getreide vorbereitete, stand plötzlich der Nachbar vor ihm und sagte: „Alexander, du bist ein großer und starker Mann geworden, ich danke dir von ganzem Herzen, dass du meine Arbeit, während der Krankheit übernommen hast. Verzeihe mir meine ungerechte Art dir und deinem Bruder gegenüber." Dabei reichte er ihm die Hand und klopfte ihm auf die Schulter.

Alexander war zutiefst betroffen und eine Träne der Freude rollte über seine Wange. Nun verstand Alexander auch, dass nur so Friede über die ganze Menschheit kommen kann.

Nach einer Woche arbeitete der Nachbar bereits mit Alexander gemeinsam. Und nach einer weiteren Woche konnte er seine Tätigkeiten allein verrichten. Er bedankte sich nochmals bei Alexander für seine Hilfe.

Simon freute sich über seinen Sohn und war sehr gerührt, als ihm dieser von der Entschuldigung des alten Mannes erzählte. Von diesem Augenblick an entwickelte sich ein fast freundschaftliches Verhältnis zwischen den beiden Familien.

Das Studium

Mit zunehmendem Alter interessierte sich Rufus für den Alten Bund. Ihn faszinierten auch die Schriften, Propheten und besonders die Thora. Von Freunden hörte er, dass dieser Jesus, von dessen Rede am See Genesareth sein Vater erzählt hatte, folgendes sagte: „Denkt nicht, ich sei gekommen, um das Gesetz und die Propheten aufzuheben. Ich bin nicht gekommen, um aufzuheben, sondern um zu erfüllen.“[7]

Es dauerte nicht lang und Rufus besuchte mit seinen Freunden regelmäßig die Synagoge, um mehr über die Schriften zu erfahren.

7Vgl. Neues Testament Mt 5, 17

Mit dem vollendeten 18. Lebensjahr erhielt Rufus von seinem Vater die Erlaubnis, eine jüdische Thora Schule zu besuchen. In dieser wird das Verständnis für die Thora und die biblische hebräische Sprache gelehrt. Simon staunte über das Ansinnen seines Sohnes, aber er freute sich über sein tieferes religiöses Interesse.

Das Studieren der Schriften und das Erlernen der hebräischen Sprache bereiteten Rufus keine Schwierigkeiten. Simon wunderte sich über den Eifer, welchen Rufus bei dem Studium der Schriften an den Tag legte.

Es gab auch Tage, da füllte sich das Haus mit Studenten, die über ihre neuen Erkenntnisse heiße Diskussionen führten.

Die Hochzeit von Alexander

Am Sabbat war es üblich, dass Simon, seine Familie und das ganze Gesinde die Synagoge besuchten. An diesem Tag wussten doch alle, dass Rufus mehrere Teile aus der Thora vorlesen durfte.

Auf dem Weg zur Synagoge bemerkte Simon, dass sein Sohn Alexander immer öfter die Tochter einer Dienerin mit dem Namen Lara begleitete. Manchmal hielten sie sich sogar an der Hand. Lara, ein sehr hübsches Mädchen, strahlte Fröhlichkeit und eine innige Herzlichkeit aus. Auch Simon konnte sie gut leiden.

Nach einem halben Jahr kam Alexander zu seinem Vater und ersuchte ihn, der Hochzeit von ihm mit Lara zuzustimmen. Simon sagte freudig zu, und begann sich Gedanken über die Verlobungszeremonie zu machen. Denn diese war der erste wichtige Schritt vor der Heirat. Bei dieser Feierlichkeit, die im Haus des Simon stattfand, musste ein Vertrag aufgesetzt werden, der vom Bräutigam und von Zeugen unterschrieben wurde. In diesem waren die wirtschaftlichen und sozialen Verpflichtungen des Bräutigams gegenüber der Braut festgehalten.

Diesen versiegelten Vertrag übergab der Bräutigam mit einem Tonkrug, der mit Münzen gefüllt war, der Braut. Da Lara im Stillen auf eine Hochzeit mit Alexander gehofft hatte, konnte sie ihre Kleidung und ihren Schmuck für die Hochzeit in Ruhe vorbereiten.

Unterdessen erhielt Alexander von seinem Vater ein Landstück, auf dem er mit Dienern und Freunden ein schmuckes Haus baute.

Vor der Trauung, die an einem Abend stattfand, badeten sowohl die Braut als auch der Bräutigam und wurden mit wohlriechenden Ölen gesalbt. Dann zogen sie die für diesen Anlass bestimmte Kleidung an. Auf dem Kopf trugen beide einen Kranz aus Blumen.

Die Braut wurde dann in einer festlichen Lichterprozession zum Haus des Bräutigams gebracht.[8]

8Vgl. Land und Leute zur Zeit Jesu, Patmos Verlag Düsseldorf 2001

Nachdem die ganze Familie und alle Nachbarn im Haus des Bräutigams versammelt waren, mussten sich die Gäste rituell mit dem Wasser aus den Tonkrügen reinigen. Danach begann das Festmahl.

Am Kopfende des Tisches saßen der Bräutigam und die Braut. An ihren Seiten befanden sich die Ehrenplätze. Die Mahlzeit wurde dann von Dienern aus den Seitenräumen hereingebracht. Zunächst gab es Fladenbrote, Weizen, Linsen, Öl sowie getrocknete Feigen und andere Früchte. Auch Apfelsinen und Zitronen fehlten nicht, weil diese Alexander seiner Braut bei der Vertragsübergabe mitbrachte. Auch Bienenhonig stand als Süßigkeit bereit.

Da sich Simon ein großes Festmahl leisten konnte, servierten die Diener danach auch ein Mastkalb. Dazu trank man Wein, ein übliches Getränk, das erfreuliche Anlässe verschönerte. Den Wein hatte sich Simon aus Zypern und Rhodos bringen lassen. Nebenbei gab es auch das beliebte Getränk aus Dattelsaft und Lotusextrakt.

Den Nachtisch bildete ein Birnenkompott aus getrockneten Birnen, die in Wein und Wasser mit Honig eingelegt waren. Von diesem Nachtisch blieb zur Freude der Diener sehr viel über, denn übergebliebenes Essen verteilte man unter ihnen.

Alle stellten fest, dass dieses Hochzeitsmahl sämtliche Erwartungen übertroffen hatte. Es dauerte bis in die frühen Morgenstunden, als die letzten Gäste das Haus verließen.

Nun lag es an den Dienern, den Saal wieder in Ordnung zu bringen, während sich Lara und Alexander in ihr Brautgemach zurückzogen.

Simon erkannte, dass sein Sohn Alexander sehr glücklich war, und hoffte, dass er bald Großvater sein werde.

Alexander und Lara

Lara erklärte ihren Dienerinnen den Arbeitsablauf für den heutigen Tag. Alexander begab sich auf das Feld, um zu sehen, wann er mit dem Ernten des Weizens beginnen könnte.

Sein Vater hatte ihm eine kleine Anzahl an Dienern und Dienerinnen für seinen Haushalt mitgegeben. Weitere Diener und Dienerinnen wollte Alexander auf dem Marktplatz in Jerusalem erwerben. Dort war es üblich diese anzusehen und danach zu kaufen. Auch Alexander und sein Vater begutachteten die Sklaven und Sklavinnen, bevor er diese erwarb. Er suchte also acht Männer und acht junge Frauen aus, denen er sofort die Fesseln abnehmen ließ. Einer von den Männern wollte sich gleich aus dem Staub machen, doch einige Mitgefangenen holten ihn zurück und sagten ihm: „Willst du das Leben von uns allen verschlechtern? Noch nie durften wir ohne Ketten leben, und du glaubst das ausnützen zu müssen!“ Reumütig kam er zu Alexander und Simon, hielt ihnen seine Hände hin, damit sie ihn wieder fesseln. Doch Alexander blickte ihn fest an und meinte: „Du bist Mensch wie wir alle, daher sollst du in meinem Dienst auch menschenwürdig leben.“

Alle Umstehenden wunderten sich, und manche dachten, dass dieser junge Mensch ein Fantast sei.

Sein Umgang mit den Dienern war sehr freundschaftlich, daher wurde er von dem ganzen Gesinde inklusive der neu Hinzugekommenen sehr geschätzt.

Neben seinem Wohngebäude baute er für seine neuen Diener eine gemütliche Unterkunft, in der sich alle wohlfühlen konnten.

Ein lehrreicher Tag

Rufus bekam in der Synagoge eine neue Stellung. Er durfte als Erzieher arbeiten. Die Synagoge war zur Zeit Jesu ein Versammlungsort. Erst nach der Zerstörung des Tempels durch die Römer wurde die Synagoge zu einem Haus des Gebetes.

Rufus oblag also die Aufgabe, Jugendlichen die Thora zu lehren. Der Zweck dieser Erziehung bestand nicht darin, soziale oder berufliche Themen anzusprechen, sondern hatte den Hintergedanken, richtiges moralisches Verhalten zu lehren. Der Unterricht fand im Hauptraum der Synagoge statt. Die Schüler saßen auf

Holzbänken, die man außerhalb der Unterrichtszeit wegräumen musste. In einer Klasse befanden sich maximal fünfundzwanzig Schüler.

Die Lehrer sollten für ihren Dienst kein Geld annehmen, wie es im Jerusalemer Talmud heißt: „Was ich frei gegeben habe, sollt auch ihr frei geben." Aber in der Regel bezahlten die Eltern die Lehrer persönlich, für arme Kinder sprang der Staat ein.

Simon konnte stolz auf seine Söhne sein, denn jeder hatte seine berufliche Erfüllung gefunden.

Eines Tages lud Simon seinen Sohn Alexander mit seiner Gattin und seinen Sohn Rufus zum Mittagessen ein. Alle fühlten sich wohl und man konnte erkennen, dass sie eine heile Familie bildeten. Bereits beim Essen bemerkte Simon, dass Rufus sehr unruhig war.

Als er ihn darauf ansprach, erwiderte Rufus: „Vor einigen Tagen traf ich einen Freund, der mir folgendes über Jesus, den du Vater am See Genesareth gehört hast, erzählte. Dieser Jesus hat fünftausend Menschen am Berg, wo er redete, gespeist. Und als er wieder zu vielen Menschen sprach, war mein Freund dabei. Er hat alles danach auf einer Papyrusrolle aufgeschrieben. Diese Rolle hat er mir geborgt, damit ich euch das, was Jesus sagte, vorlesen kann.

Und Rufus begann zu lesen: ‚Mit dem Himmelreich wird es sein wie mit zehn Jungfrauen, die ihre Lampen nahmen und dem Bräutigam entgegengingen. Fünf von ihnen waren töricht, und fünf waren klug. Die törichten nahmen ihre Lampen mit, aber kein Öl, die klugen aber nahmen außer den Lampen noch Öl in Krügen mit. Als nun der Bräutigam lange nicht kam, wurden sie alle müde und schliefen ein. Mitten in der Nacht aber hörte man plötzlich laute Rufe: Der Bräutigam kommt! Geht ihm entgegen! Da standen die Jungfrauen alle auf und machten ihre Lampen zurecht. Die törichten aber sagten zu den klugen: Gebt uns von eurem Öl, sonst gehen unsere Lampen aus. Die klugen erwiderten ihnen: Dann reicht es weder für uns noch für euch; geht doch zu den Händlern und kauft, was ihr braucht. Während sie noch unterwegs waren, um das Öl zu kaufen, kam der Bräutigam; die Jungfrauen, die bereit waren, gingen mit ihm in den Hochzeitssaal; und die Tür wurde zugeschlossen. Später kamen auch die anderen Jungfrauen und riefen: Herr, mach uns auf! Er aber antwortete ihnen: Amen, ich sage euch: Ich kenne euch nicht. Seid also wachsam! Denn ihr wisst weder den Tag noch die Stunde.‘[9]

Nach einer kurzen Pause sagte Rufus: „Auch wir haben über diese Aussage von Jesus viele Gespräche geführt, bis uns ein Schriftgelehrter, mit dem Namen Nikodemus, diese Stelle erklärte. Er meinte, dass unser Glaube kein Strohfeuer sein soll, sondern eine dauerhafte Glut, die bis zum Ende unserer Tage leuchtet. Das Öl, welches die klugen Jungfrauen bei sich hatten, symbolisiert ihren Glauben und sie konnten sich auch mit guten Werken in ihren Krügen mit weiterem Öl

---

9Vgl. Neues Testament Mt 25, 1-13

schmücken. Die klugen Jungfrauen haben demnach nicht aus Geiz so geantwortet, denn niemand kann für jemand anderen etwas Gutes tun. Jeder muss es stets selbst tun.

Darum gaben die klugen Jungfrauen den törichten den Rat, dem Bräutigam nicht ohne brennende Lampen entgegenzugehen. Denn es ist zu spät, sich erst um Öl zu kümmern, wenn der Bräutigam kommt. Und der Bräutigam kam sehr spät. Diese Zeit hätten die törichten Jungfrauen nützen können, denn sie haben doch gesehen, dass die klugen Jungfrauen noch Öl als Vorrat dabei hatten.

Im Leben muss jeder Mensch für sich selbst und auch für andere Verantwortung übernehmen. Außerdem soll das eigene Handeln stets kritisch hinterfragt werden. Ein so bewusst geführtes Leben eines Menschen zeigt, dass er Verantwortung für das übernimmt, was er tut. Die törichten Jungfrauen kamen mit ihren Lampen zu spät. Sie werden zur Hochzeitsfeier nicht mehr eingelassen. Am Tag des Gerichts gibt es keine Gelegenheit mehr, gute Werke zu vollbringen. Darum bleibt die Tür verschlossen."

Nach diesen Ausführungen von Rufus waren alle sehr betroffen. Simon, der anfangs dieses Gleichnis nicht verstand, meinte, dass er erst jetzt begriffen habe, was Jesus mit diesem Gleichnis sagen wollte.

Nach einer kurzen Pause sagte Rufus: „Erlaubt mir, dass ich euch auch den zweiten Teil vorlese, in dem Jesus von dem Endgericht spricht:

‚Wenn der Menschensohn in seiner Herrlichkeit kommt und alle Engel mit ihm, dann wird er sich auf den Thron seiner Herrlichkeit setzen. Und alle Völker werden vor ihm zusammengerufen werden, und er wird sie voneinander scheiden, wie der Hirt die Schafe von den Böcken scheidet. Er wird die Schafe zu seiner Rechten versammeln, die Böcke aber zur Linken. Dann wird der König denen auf der rechten Seite sagen: Kommt her, die ihr von meinem Vater gesegnet seid, nehmt das Reich in Besitz, das seit der Erschaffung der Welt für euch bestimmt ist. Denn ich war hungrig, und ihr habt mir zu essen gegeben; ich war durstig, und ihr habt mir zu trinken gegeben; ich war fremd und obdachlos, und ihr habt mich aufgenommen; ich war nackt, und ihr habt mir Kleidung gegeben; ich war krank, und ihr habt mich besucht; ich war im Gefängnis, und ihr seid zu mir gekommen. Dann werden ihm die Gerechten antworten: Herr, wann haben wir dich hungrig gesehen und dir zu essen gegeben, oder durstig und dir zu trinken gegeben? Und wann haben wir dich fremd und obdachlos gesehen und aufgenommen, oder nackt und dir Kleidung gegeben? Und wann haben wir dich krank oder im Gefängnis gesehen und sind zu dir gekommen? Darauf wird ihnen der König antworten: Amen, ich sage euch: Was ihr für einen meiner geringsten Brüder getan habt, das habt ihr mir getan.

Dann wird er sich auch an die auf der linken Seite wenden und zu ihnen sagen: Weg von mir, ihr Verfluchten, in das ewige Feuer, das für den Teufel und seine Engel bestimmt ist! Denn ich war hungrig, und ihr habt mir nichts zu essen gegeben; ich war durstig, und ihr habt mir nichts zu trinken gegeben; ich war fremd und obdachlos, und ihr habt mich nicht aufgenommen; ich war nackt, und ihr habt mir keine Kleidung gegeben; ich war krank und im Gefängnis, und ihr habt mich nicht besucht. Dann werden auch sie antworten: Herr, wann haben wir dich hungrig oder durstig oder obdachlos oder nackt oder krank oder im Gefängnis gesehen und haben dir nicht geholfen? Darauf wird er ihnen antworten: Amen, ich sage euch: Was ihr für einen dieser Geringsten nicht getan habt, das habt ihr auch mir nicht getan. Und sie werden weggehen und die ewige Strafe erhalten, die Gerechten aber das ewige Leben.‘[10]

Nachdem einige Zeit verstrichen war, sagte Rufus: „Lasst uns beten, dass unser Glaube durch unsere guten Werke bestätigt wird!“

Alle erhoben sich, und beteten ein Lobgebet zu Gott. Simon, der sichtlich betroffen war, dankte Rufus für diese eindrucksvollen Lesungen.

Damit endete das Familientreffen. Alexander, Lara und Rufus traten erfüllt und gestärkt den Heimweg an.

10Vgl. Neues Testament Mt 25, 31-46

Die erzwungene Hilfeleistung

Eines Tages war Simon gerade auf dem Heimweg von der Feldarbeit, und wollte zum Mittagsessen nach Hause eilen, als er von der Hauptstraße Jerusalems großen Lärm wahrnahm.

Neugierig begab er sich zur Hauptstraße, um der Ursache auf den Grund zu gehen. Da sah er römische Soldaten, die einen Menschen, der ein Kreuz trug, schlugen. Plötzlich brach er unter dieser schweren Last zusammen. Das Kreuz fiel auf ihn. Ja, das war ein Delinquent, aber die brutale Art der Soldaten widerte Simon so an, dass er weggehen wollte.

Da fiel der Blick eines Soldaten auf ihn. Er nahm ihn beim Arm und befahl ihm, das Kreuz zu tragen. Zunächst wollte sich Simon weigern, aber er kam gleich zur Einsicht. Denn der römischen Besatzungsmacht eine Anweisung zu verweigern, hatte fast immer die Todesstrafe zur Folge. Also hob er das Kreuz auf, und legte es auf seine Schultern. In diesem Augenblick dachte Simon: ‚Warum gerade ich?'

Die Soldaten zwangen den Verurteilten aufzustehen, weil er auf Golgota, das übersetzt Schädelhöhe heißt, gekreuzigt werden sollte. Dahinter folgten zwei weitere Delinquenten, denen auch der Tod auf dem Kreuz bestimmt war. Der Gefallene stand mühevoll auf und sah Simon an. Simon glaubte, vom Blitz getroffen worden zu sein, denn dieser Blick strahlte Güte und

Liebe aus. Kein Hass und keine Wut waren zu erkennen. ‚Was für ein Mensch!', dachte Simon und spürte unmittelbar, wie leicht ihm plötzlich das Tragen des Kreuzes fiel.

Seitlich des Weges nach Golgota standen Menschen. Die einen weinten, andere schrien hasserfüllt. Welches Bild bot sich da Simon, der immer wieder diesen Leidenden vor sich im purpur roten Mantel mit der Dornenkrone am Haupt betrachten musste. Wenn der Wind den Mantel etwas aufklappte, musste Simon erkennen, dass der blutüberströmte Körper vorher gegeißelt worden war. Immer wieder hämmerte es Simon in seinem Kopf: ‚Dieser kann kein Verbrecher sein, der mit einer Dornenkrone gezwungen wird, nach Golgota hinaufzugehen! Nicht zu gehen; er schleppte sich mit letzter Kraft hinauf, obwohl Simon das Kreuz trug.'

Jesus von Nazareth

Nach einer kurzen Zeit hielt der Verurteilte an. Eine Gruppe von Frauen klagten und weinten. Der Verurteilte wandte sich zu ihnen um und sagte: „Ihr Frauen von Jerusalem, weint nicht über mich; weint über euch und eure Kinder! Denn es kommen Tage, da wird man sagen: Wohl den Frauen, die unfruchtbar sind, die nicht geboren und nicht gestillt haben."[11]

11Vgl. Neues Testament, Lk 23, 27-29

Damit gab Jesus einen Hinweis auf die furchtbare Belagerung Jerusalems und die Zerstörung des Tempels. Dies geschah im Jahre 70 nach Christus durch die Römer unter dem Oberbefehlshaber Titus, der im Jahre 79 Kaiser wurde.

Simon erschrak, denn jetzt erkannte er die eindrucksvolle Stimme wieder, welche er am See Genesareth gehört hatte. Dieser Mann im purpur roten Mantel mit der Dornenkrone am Haupt war Jesus von Nazareth. Nun trug er mit Freude hinter Jesus das Kreuz.

Nach einiger Zeit blieb Jesus wieder stehen. Eine Frau stand am Straßenrand, und Tränen bedeckten ihr Gesicht. Eine eigenartige Situation, denn auch die Soldaten standen still und schlugen den Verurteilten nicht. Der Hauptmann, der für die Kreuzigung Jesu verantwortlich war, hatte seinen Soldaten das Schlagen des schwer Geschundenen verboten.

Jesus schaute die Frau mit einem Blick voll Zärtlichkeit und Liebe an, während man sich um die Frau fast Sorgen machen musste, denn sie war blass und nahe einer Ohnmacht. Es war still. Doch man wusste, dass diese Blicke mehr als tausend Worte sagten.

Nach einiger Zeit ging Jesus langsam weiter. Es waren noch 80 Meter nach Golgotha. Plötzlich griff Jesus nach vorne, als wollte er sich anhalten, und stürzte danach wieder zu Boden. Simon bemerkte eine Frau, die rechts neben Jesus kniete. Sie reichte ihm ein Tuch, damit er sich das Blut und den Schweiß aus dem Gesicht wischen konnte. Jesus erhob sich langsam, nahm das Tuch und bedeckte damit sein Gesicht. Dann gab er das Tuch der Frau zurück. Da sah Simon, dass sich auf dem Tuch das Antlitz Jesu eingeprägt hatte.

‚Was für ein Wunder', dachte Simon. Während Simon hinter Jesus das Kreuz trug, ließ ihn die Frage nicht los, warum dieser Jesus verurteilt wurde. Er hatte doch nur Gutes getan und die Menschen ermutigt, nicht nur einander, sondern auch ihre Feinde zu lieben? Diejenigen, die Jesus verurteilt hatten, haben keines seiner Worte verstanden.

Immer fester umklammerte Simon das Kreuz, das ihm zum Tragen auferlegt wurde, denn er konnte diese Situation nicht begreifen.

Endlich näherten sie sich Golgotha. Auf der Schädelhöhe angekommen, nahmen die Soldaten Simon das Kreuz ab und legten es auf den Boden.

Die Kreuzigung

Pilatus hatte auch ein Schild anfertigen lassen, welches die Soldaten oben am Kreuz befestigten. ‚Die Inschrift lautete: Jesus von Nazareth, der König der Juden. Dieses Schild lasen viele Juden, weil der Platz, wo Jesus gekreuzigt wurde, nahe bei der Stadt lag. Die Inschrift war hebräisch, lateinisch und griechisch abgefasst. Die Hohenpriester der Juden sagten zu Pilatus: Schreib nicht: Der König der Juden, sondern dass er gesagt hat: Ich bin der König der Juden. Pilatus antwortete: Was ich geschrieben habe, habe ich geschrieben.‘[12]

Danach entblößten sie Jesus und legten ihn so auf das Kreuz, dass jede Hand auf dem Querbalken zu liegen kam. Ein Soldat kam mit einem Nagel und einem Hammer zu Jesus; kniete sich nieder, setzte den Nagel an den Rand der Handfläche und schlug ihn durch die Hand an das Kreuz. Ein leichtes Zittern erschütterte den Körper Jesu. Ebenso geschah es mit der zweiten Hand.

Dann wurden auch seine Füße an das Kreuz genagelt. Das Kreuz wurde mit dem Körper von Jesus aufgerichtet und in eine Vertiefung gesteckt. Rechts und links von ihm standen die Kreuze mit den beiden Verbrechern.

12Vgl. Neues Testament Joh 19, 19-22

Simon befand sich in der Nähe des Kreuzes an dem Jesus hing und hörte sein Gebet. „Vater, vergib ihnen, denn sie wissen nicht, was sie tun."[13]

‚Bei dem Kreuz Jesu standen auch seine Mutter und die Schwester seiner Mutter, Maria, die Frau des Klopas, und Maria Magdala. Als Jesus seine Mutter sah und bei ihr den Jünger, den er liebte, sagte er zu seiner Mutter: Frau, siehe, dein Sohn! Dann sagte er zu dem Jünger: Siehe, deine Mutter! Und von jener Stunde an nahm sie der Jünger zu sich.'[14]

‚Einer der Verbrecher, die neben ihm hingen, verhöhnte ihn: Bist du denn nicht der Messias? Dann hilf dir selbst und auch uns! Der andere aber wies ihn zurecht und sagte: Nicht einmal du fürchtest Gott? Dich hat doch das gleiche Urteil getroffen, uns geschieht recht, wir erhalten den Lohn für unsere Taten; dieser aber hat nichts Unrechtes getan. Dann sagte er: Jesus, denk an mich, wenn du in dein Reich kommst. Jesus antwortete ihm: Amen, ich sage dir: Heute noch wirst du mit mir im Paradies sein.'[15]

Die Soldaten, welche Jesus ans Kreuz geschlagen hatten, nahmen seine Kleider. Als sie das Untergewand sahen, das von oben her ganz durchwebt war, sagten sie

---

13Vgl. Neues Testament Lk 23, 34

14Vgl. Neues Testament Joh 19, 25-27

15Vgl. Neues Testament Lk 23, 39-43

zueinander: „Wir wollen es nicht zerteilen, sondern darum losen, wem es gehören soll. So sollte sich das Schriftwort erfüllen: Sie verteilten meine Kleider unter sich und warfen das Los um mein Gewand. Dies führten die Soldaten aus.“[16]

„Als Jesus wusste, dass nun alles vollbracht war, sagte er, damit sich die Schrift erfüllte: Mich dürstet. Ein Gefäß mit Essig stand da. Sie steckten einen Schwamm mit Essig auf einen Ysopzweig und hielten ihn an seinen Mund.“[17]

„Es war etwa um die sechste Stunde, als eine Finsternis über das ganze Land hereinbrach. Sie dauerte bis zur neunten Stunde. Die Sonne verdunkelte sich. Der Vorhang im Tempel riss mitten entzwei, und Jesus rief laut: Vater, in deine Hände lege ich meinen Geist. Nach diesen Worten hauchte er seinen Geist aus.

Als der Hauptmann sah, was geschehen war, pries er Gott und sagte: Das war wirklich ein gerechter Mensch. Und alle, die zu diesem Schauspiel herbeigeströmt waren und sahen, was sich ereignet hatte, schlugen sich an die Brust und gingen betroffen weg.“[18]

16Vgl. Neues Testament Joh 19, 24

17Vgl. Neues Testament Joh 19, 28-30

18Vgl. Neues Testament, Lk 23, 44-48

„Auch einige Frauen sahen von Weitem zu, darunter Maria aus Magdala, Maria, die Mutter von Jakobus dem Kleinen und Joses, sowie Salome; sie waren Jesus schon in Galiläa nachgefolgt und hatten ihm gedient. Noch viele andere Frauen waren dabei, die mit ihm nach Jerusalem hinaufgezogen waren.“[19]

Simon stand zutiefst betroffen nahe bei Johannes und der Mutter Jesu. Unverwandt blickte er auf den Gekreuzigten und sagte dann: „Herr Jesus, ich danke dir, dass du gerade mich erwählt hast, dein Kreuz tragen zu dürfen. Nun weiß ich: Du bist der Sohn Gottes.“

19Vgl. Neues Testament, Mk 15, 40-41

Quellennachweis

Einheitsübersetzung der Heiligen Schrift
Die Bibel ISBN 3-460-33007-4
Verlag Katholisches Bibelwerk GmbH, Stuttgart

Westermann Geschichtsatlas
Verlag Braunschweig, Westermann Verlag, 1972

Land und Leute zur Zeit Jesu
Deutsche Übersetzung 2001,
Patmos Verlag Düsseldorf

Das Heilige Land
Das Land Jesu ISBN 965-280-103-8
Palphot Ltd. P. O. Box 2, Herzlia, Israel

Israel und Palästina
Reise Know-How Verlag
ISBN 978-3-89662-486-5
5. Auflage 2017/18

Printed by Books on Demand GmbH, Norderstedt / Germany